DER SABBAT

Übungsbuch

Der Sabbat Übungsbuch

Alle Rechte vorbehalten. Durch den Kauf dieses Übungsbuchs darf der Käufer die Übungsblätter nur für den persönlichen Gebrauch und den Unterricht, jedoch nicht für den kommerziellen Weiterverkauf kopieren. Mit Ausnahme der oben genannten Bestimmungen darf dieses Übungsbuch ohne schriftliche Genehmigung des Herausgebers weder ganz noch teilweise in irgendeiner Weise reproduziert werden.

Bible Pathway Adventures® ist eine Marke von BPA Publishing Ltd.

ISBN: 978-1-989961-47-6

Autor: Pip Reid

Kreativdirektor: Curtis Reid

Lektorat: Marco und Sonja Röder

Für kostenlose Bibelmaterialien und Lehrerpakete mit Malvorlagen, Arbeitsblättern, Quizfragen und mehr besuchen Sie unsere Website unter:

www.biblepathwayadventures.com

◇ Einführung ◇

Kinder werden begeistert sein, mit dem *Sabbat Übungsbuch* etwas über den Sabbat zu lernen. Es ist vollgepackt mit spannenden Übungen, lustigen Arbeitsblättern, Malseiten und Rätseln, die Pädagogen wie Ihnen helfen, Kindern einen biblischen Glauben zu vermitteln. Es enthält Verweise auf die Bibelstellen zum einfachen Nachschlagen von Bibelversen und einen praktischen Lösungsschlüssel für Eltern und Lehrer.

Bible Pathway Adventures hilft Pädagogen, Kindern den biblischen Glauben auf spielerische und kreative Weise zu vermitteln. Wir tun dies mit unseren Übungsbüchern und kostenlosen, druckbaren Rätselseiten - verfügbar auf unserer Website: www.biblepathwayadventures.com

Vielen Dank für den Kauf dieses Übungsbuches und die Unterstützung unseres Dienstes. Jedes gekaufte Buch hilft uns, unsere Arbeit fortzusetzen und Familien und Missionen auf der ganzen Welt kostenlose Unterrichtspakete und Ressourcen für das Bibelstudium zur Verfügung zu stellen.

Die Suche nach der Wahrheit macht mehr Spaß als die Tradition!

Inhaltsverzeichnis

Einführung 3
Dieses Buch gehört… 6
Am Sabbat habe ich… 7

Einleitung: Der Sabbat 8
Ausmalseite: Der Sabbat 9
Bibel-Wortsuchrätsel: Der Sabbat 10
Arbeitsblatt: Finde das Wort! 11
Arbeitsblatt: Sabbat in der Wüste 12
Bibelvers Ausmalseite: 2. Mose 31,16 13
Ausmalseiten: Die zwölf Stämme Israels 14
Labyrinth: Manna in der Wüste 16
Arbeitsblatt „Zeitung": The Sinai Times 17
Bibelvers Ausmalseite: Exodus 16,12 18
Arbeitsblatt: Sabbat-Vorschriften 19
Arbeitsblatt: Die zehn Gebote 20
Arbeitsblatt: Die Zahl Sieben 21
Arbeitsblatt: Ein hebräischer Tag 22
Arbeitsblatt: Der Sabbat 23
Arbeitsblatt: Sabbat-Zuordnungsrätsel 24
Bibel-Quiz: Der Sabbat 25
Bibelverse als Kopiervorlage: Der Sabbat 26
Arbeitsblatt zum Ausmalen: Der Sabbat 27
Arbeitsblätter: Eine Synagoge aus dem 1. Jahrhundert 28
Arbeitsblatt: Liste von Tätigkeiten am Sabbat 30
Arbeitsblatt: Mein Sabbat-Tagebuch 31
Kreatives Schreiben: Der Sabbat 32
Arbeitsblatt: Abschreibübung für Kinder 33
Arbeitsblatt: Den Bibelvers entschlüsseln 34
Ausmalseite: Schabbat Schalom 35
Arbeitsblatt: Den Sabbat einhalten 36
Diskussionsfragen: Wir reden über den Sabbat 37
Arbeitsblatt: Meine Bibelnotizen 38

Kreatives Schreiben
Kreatives Schreiben: Die 10 Gebote 40

Handwerk & Projekte
Bibel-Bastelseite: Zehn Gebote 51
Banner: Der Sabbat 61
Bibel-Aufgabenkarten: Der Sabbat 63
Arbeitsblatt: Wer hat es gesagt? 65

Lösungen 67
Entdecken Sie weitere Übungsbücher! 68

Dieses Buch gehört...

....

Zeichne etwas

Der Sabbat

Der Sabbat wird zum ersten Mal im 1. Buch Mose erwähnt, wo der siebte Tag von Gott als ein Tag der Ruhe festgelegt wurde. Jeschua hielt den Sabbat ein, und als seine Jünger müssen wir seinem Beispiel folgen. Für die Gläubigen des Messias ist der Sabbat ein wunderbarer Segen: eine Zeit der Ruhe und der Gemeinschaft. Er beginnt mit dem Sonnenuntergang am Freitag und endet mit dem Eintritt der Dunkelheit am Samstag. Wusstest du, dass das Gedenken des Sabbats eines der zehn Gebote ist und in der ganzen Thora erwähnt wird?

„Gedenke an den Sabbattag und heilige ihn! Sechs Tage sollst du arbeiten und alle deine Werke tun; aber am siebten Tag ist der Sabbat des Herrn, deines Gottes; da sollst du kein Werk tun; weder du, noch dein Sohn, noch deine Tochter, noch dein Knecht, noch deine Magd, noch dein Vieh, noch dein Fremdling, der innerhalb deiner Tore lebt." (2. Mose 20,8-10)

Den Sabbat zu ehren ist auch heute noch wichtig für uns. Jeschua sagte: „Ihr sollt nicht meinen, dass ich gekommen sei, um das Gesetz oder die Propheten aufzulösen. Ich bin nicht gekommen, um aufzulösen, sondern um zu erfüllen! Denn wahrlich, ich sage euch: Bis Himmel und Erde vergangen sind, wird nicht ein Buchstabe noch ein einziges Strichlein vom Gesetz vergehen, bis alles geschehen ist." (Matthäus 5,17-18)

Male die Tafel mit den Geboten aus!

Der SABBAT

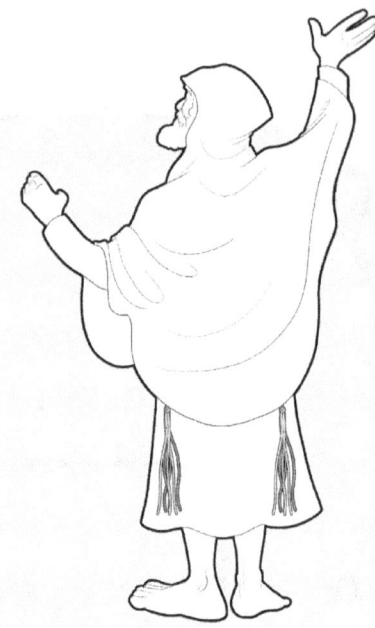

Lies 1. Mose 2, 2. Mose 31, 5. Mose 5, 3. Mose 23 - 24, Jesaja 58, Psalm 118, Jeremia 17 und 2. Chronik 2. Finde die Wörter aus der Liste unten und kreise sie ein.

```
S I E B T E R T A G W F W G S
S D I G C F T U C I O R G M A
A V X E W F W J D P N O Q Q M
B I N S B G R R D Z Y H W L S
B E C E O G E B O T C L L X T
A H N G L R C G A U V O D I A
T R Z N H H H E W I G C K L G
S C S E E R Q O G P D K C F M
H P C T Z Y Q L O V L E M D U
Z E Q R I T Z I X U D N N H O
D R I V B E S T I M M E N I M
G C Y L A N T Y P Y X C A X D
B E S T I M M T E Z E I T X J
U W R K D G E U D E T A H O S
K T O R A H L F R E U D E O V
```

SABBAT

SIEBTER TAG

SAMSTAG

GESEGNET

BESTIMMTE ZEIT

TORAH

GEBOT

FREUDE

BESTIMMEN

EWIG

HEILIG

FROHLOCKEN

Finde das Wort!

Lies 2. Mose 20,8-11. Fülle die Lücken aus.

„ Gedenke an den .... und heilige ihn!

Sechs Tage sollst du .... und alle deine Werke tun; aber am .... Tag ist der Sabbat des Herrn, deines Gottes; da sollst du kein .... tun; weder du, noch dein Sohn, noch deine ...., noch dein ...., noch deine Magd, noch dein ...., noch dein Fremdling, der innerhalb deiner Tore lebt. Denn in sechs Tagen hat der .... Himmel und Erde gemacht und das Meer und alles, was darin ist, und er ruhte am siebten Tag; darum hat der Herr den Sabbattag .... und ...."

SABBATTAG KNECHT
ARBEITEN   VIEH
SIEBTEN   HERR
WERK   GESEGNET
TOCHTER   GEHEILIGT

Sabbat in der Wüste

„Mose sagte zu den Israeliten: „Das ist es, was der Herr gesagt hat: Morgen ist eine Ruhe, ein heiliger Sabbat des Herrn! Was ihr backen wollt, das backt, und was ihr kochen wollt, das kocht; was aber übrig ist, das legt beiseite, damit es bis morgen aufbewahrt wird! Und sie legten es beiseite bis zum Morgen, wie Mose geboten hatte; und es wurde nicht stinkend, und es war auch kein Wurm darin. Da sprach Mose: Esst das heute! Denn heute ist der Sabbat des Herrn; ihr werdet es (das Manna) heute nicht auf dem Feld finden. Sechs Tage sollt ihr es sammeln, aber am siebten Tag ist der Sabbat, da wird keines zu finden sein. Es geschah aber am siebten Tag, dass etliche vom Volk hinausgingen, um zu sammeln; und sie fanden nichts. Da sprach der Herr zu Mose: Wie lange weigert ihr euch, meine Gebote und meine Anweisungen zu halten? Seht, der Herr hat euch den Sabbat gegeben; darum gibt er euch am sechsten Tag für zwei Tage Brot; so soll nun jeder an seiner Stelle bleiben, und niemand soll am siebten Tag seinen Platz verlassen! So ruhte das Volk am siebten Tag." (2. Mose 16,23-30)

Male die Israeliten farbig aus!

Wie haben die Israeliten in der Wüste Nahrung gefunden?

....

Warum konnten die Israeliten am Sabbat kein Manna finden?

....

„So sollen die Kinder Israels den Sabbat halten, indem sie den Sabbat feiern für alle ihre Geschlechter, als ein ewiger Bund."

(2. Mose 31,16)

Die zwölf Stämme Israels

Nachdem die Israeliten Ägypten verlassen hatten, verbrachten sie 40 Jahre in der Wüste, um die Thora zu lernen, bevor sie das Land Kanaan erreichten. Die Israeliten wurden in zwölf Stämme aufgeteilt, obwohl es in Wirklichkeit dreizehn Stämme gab. Jeder Stamm wurde nach einem Sohn oder Enkel Israels (Jakob) benannt; elf von Jakobs Söhnen leiteten jeweils einen Stamm, während die Nachkommen Josephs zwei separate Stämme bildeten (Ephraim und Manasse). Warum, glaubst du, teilte Gott die Israeliten in Stämme ein? Wo befinden sich die Stämme heute? Male die Banner der zwölf Stämme Israels aus, die in 4. Mose 1,1-15 und 13,4-15 erwähnt werden.

Die zwölf Stämme Israels

GAD

SIMEON

RUBEN

EPHRAIM

MANASSE

BENJAMIN

Manna in der Wüste

Hilf den Israeliten, Manna zu sammeln (außer am Sabbat!)

Wüste Paran

Bild am Sinai

LAND MIDIAN

Eine Veröffentlichung von Biblische Geschichte

Sabbat-Regeln

....

....

....

....

....

....

Kein Manna am Sabbat

....

....

....

....

Wachteln im Lager!

„Zur Abendzeit sollt ihr Fleisch zu essen haben und am Morgen mit Brot gesättigt werden."

(2. Mose 16,12)

Sabbat-Vorschriften

Wie sollten wir den Sabbat ehren? Die Bibel sagt uns, dass wir den siebten Tag jeder Woche als heiligen Tag absondern sollen, um uns von unserer Arbeit auszuruhen, nicht unseren eigenen Interessen nachzugehen, uns mit anderen Gläubigen zu versammeln, ein Opfer zu geben, nicht zu kaufen oder zu verkaufen oder Handel zu treiben. Warum ist es wichtig, den Sabbat heute noch zu halten? Was machst du am Sabbat?

Lies 2. Mose 16-20, 3. Mose 23, 4. Mose 28, Nehemia 10 - 13, Jesaja 58 und Jeremia 17. Schreibe sechs Bibelstellen auf, die den Sabbat beschreiben. Male den Israeliten aus.

Die zehn Gebote

Lies 2. Mose 20,1-17. Fülle die Lücken mit den Wörtern unten auf der Seite aus.

1. Ich bin der .... dein Gott. Du sollst keine anderen Götter neben mir haben.

2. Du sollst dir kein .... machen.

3. Du sollst den .... des Herrn, deines Gottes, nicht missbrauchen!

4. Gedenke an den .... und heilige ihn.

5. Du sollst deinen .... und deine Mutter ehren.

6. Du sollst nicht ....

7. Du sollst nicht ....

8. Du sollst nicht ....

9. Du sollst kein .... Zeugnis reden gegen deinen Nächsten.

10. Du sollst nicht .... das Haus deines Nächsten.

HERR	TÖTEN
BILDNIS	EHEBRECHEN
NAMEN	STEHLEN
SABBATTAG	FALSCHES
VATER	BEGEHREN

 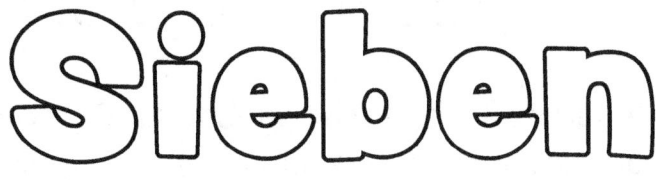

Am 7. Tag beendete Gott sein Werk, das er geschaffen hatte, und ruhte. Er segnete den 7. Tag und machte ihn heilig. Zeichne die Zahl 7 nach.

Schreibe Vielfache von sieben in die Kästchen unten.

| 7 | 14 | | | | | | |

Wie viele Finger sind das?

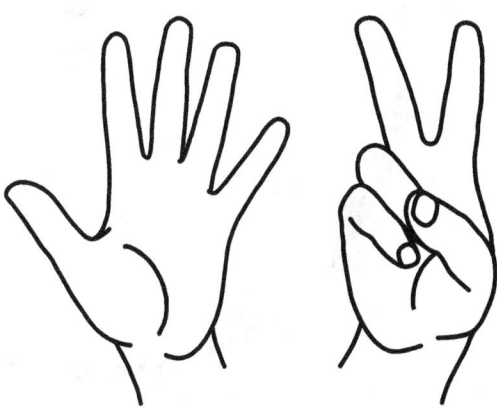 

Ich ehre den Sabbat, indem ich...

....

Hebräischer Tag

Der siebte Tag ist der biblische Sabbat. Als Gott die Schöpfung der Erde beendet hatte, ruhte er am siebten Tag. Er segnete diesen Tag und machte ihn heilig oder „besonders" (1. Mose 2,1-3). Da wir den gregorianischen Kalender verwenden, denken die Menschen normalerweise, dass die Tage um Mitternacht beginnen und enden. Aber im hebräischen Kalender beginnt und endet ein Tag bei Einbruch der Nacht. Der Sabbat beginnt bei Sonnenuntergang am Freitag und dauert bis zum Sonnenuntergang am Samstag.

Hebräischer Tag

Gregorianischer Tag

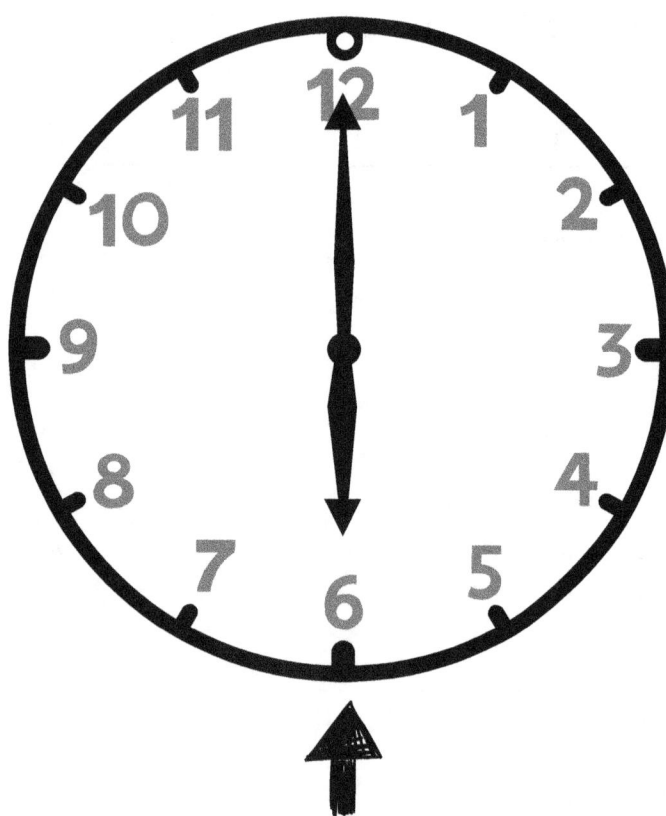

Ein hebräischer Tag beginnt bei Einbruch der Dunkelheit (ca. 18 Uhr)

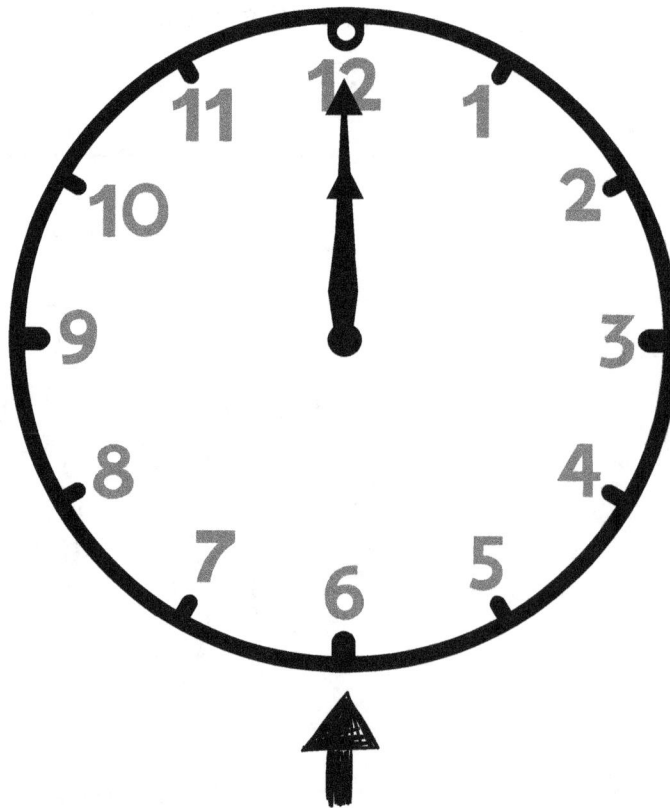

Tag und Nacht im gregorianischen Kalender ist von Mitternacht bis Mitternacht

Der Sabbat

Schreibe eine Liste mit Dingen, die du jeden Sabbat tust.

....
....
....
....
....
....
....
....

Stell dir vor, du bist ein Hebräer, der zur Zeit Jeschuas in Kafarnaum lebt. Was würdest du am Sabbat getan haben?

....
....
....
....
....
....
....
....

Wo finde ich in der Bibel das Gebot, den Sabbat zu ehren?

....
....
....
....
....
....

Zeichne ein Bild von Paulus, der am Sabbat in Antiochia in Pisidien lehrt (Apostelgeschichte 13).

Sabbat-Zuordnungsrätsel

In welchen Büchern der Bibel wird der Sabbat erwähnt?
Ordne die Bücher unten der richtigen Aussage zu.

1. ………… Paulus lehrte am Sabbat in der Synagoge in Antiochia in Pisidien.

2. ………… Gott ruhte am siebten Tag und machte ihn heilig.

3. ………… Maria, Maria Magdalena und Salome warteten bis nach dem Sabbat, um Gewürze zu kaufen.

4. ………… Paulus ging jeden Sabbat in die Synagoge, während er in Korinth lebte.

5. ………… Gedenke an den Sabbattag und heilige ihn.

6. ………… Es bleibt also eine Sabbatruhe für das Volk Gottes.

7. ………… Wie gesegnet ist ein Mann, der den Sabbat nicht entweiht.

8. ………… Gedenkt meines Sabbats und haltet ihn heilig.

9. ………… „Der Sabbat wurde für den Menschen gemacht, nicht der Mensch für den Sabbat"

10. ………… Als er nach Nazareth kam, ging Jeschua am Sabbat in die Synagoge.

A. Apostelgeschichte 18
B. 2. Mose 20
C. Apostelgeschichte 13
D. Hebräer 4
E. 1. Mose 2
F. 2. Mose 31
G. Markus 16
H. Jesaja 56
I. Lukas 4
J. Markus 2

Der Sabbat

Lies 5. Mose 5, Markus 2 und Apostelgeschichte 13-18.
Beantworte die folgenden Fragen.

1. An welchem Tag betrat Paulus in Apostelgeschichte 13,14 die Synagoge? ....

2. Wer versammelte sich, um Paulus am Sabbat lehren zu hören (Apostelgeschichte 13,44)? ....

3. Wo traf sich Paulus mit einer Gruppe am Sabbat in Apostelgeschichte 16? ....

4. An wie vielen Sabbattagen hat Paulus in der Synagoge über die Heilige Schrift gesprochen? (Apostelgeschichte 17,2) ....

5. In welcher Stadt hat Paulus dies getan? (Apostelgeschichte 17,1) ....

6. Was wurde seit der Antike jeden Sabbat in den Synagogen gelehrt? (Apostelgeschichte 15) ....

7. Als Paulus Korinth erreichte, was tat er da jeden Sabbat? (Apostelgeschichte 18) ....

8. Für wen hat Jeschua gesagt, dass der Sabbat gemacht ist? (Markus 2) ....

9. Welchen Tag hat Gott seinem Volk befohlen, heilig zu halten? (2. Mose 20,8) ....

10. Was sagt Gott seinem Volk, was es am Sabbat tun soll? (5. Mose 5) ....

Schlage deine Bibel bei Hebräer 4,9-11 auf.

Schreibe die Stelle auf die vorgesehenen Zeilen.
Male das Bild unten auf der Seite aus.

....

....

....

....

....

....

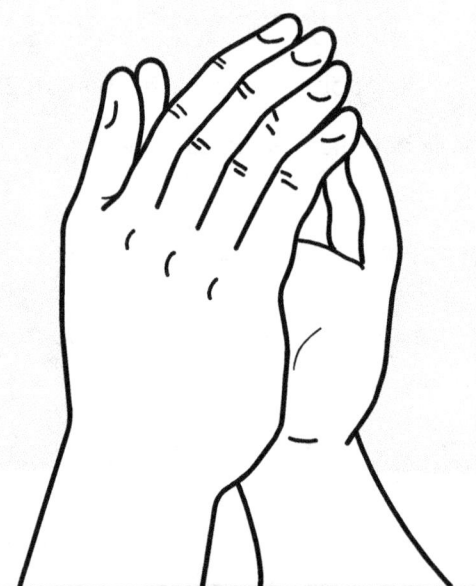

Der Sabbat

Lies Markus 2,27 und schreibe den Bibelvers darunter.

Beantworten sie die folgenden Fragen.

Was sagt uns Gott, was wir am Sabbat tun sollen? (5. Mose 5)

Welchen Tag hat Gott seinem Volk befohlen, heilig zu halten? (2. Mose 20,8)

Wie viele Tage darf das Volk Gottes pro Woche arbeiten? (3. Mose 23,3)

Eine Synagoge aus dem 1. Jahrhundert

In biblischen Zeiten trafen sich die Israeliten am Sabbat oft in Synagogen. Da das griechische Wort „synagōgē" Versammlung, Zusammenkunft oder sogar Gemeinde bedeuten kann, war die älteste Form der Synagoge ein Marktplatz oder ein Stadttor. Nur wenige Städte in Judäa waren wohlhabend genug, um ein Gebäude zu haben, das dem Lernen und Beten gewidmet war. Stattdessen versammelten sich die Menschen meist im Haus des Dorfvorstehers, auf einem Marktplatz oder in einem Innenhof, um wichtige Themen zu besprechen.

Im 1. Jahrhundert waren einige Synagogen in Judäa zu einer Art Gemeindezentrum geworden, in dem sich die Israeliten regelmäßig zu Veranstaltungen, Diskussionen, Gerichtsverhandlungen und zum Lesen der Thora am Sabbat versammelten. Für Menschen, die über das ganze Römische Reich verstreut waren, waren Synagogen ein Ort von Gemeinschaft und Wissen. In neutestamentlicher Zeit betrat Jeschua die Synagogen in Galiläa, um die Heiligen Schriften zu diskutieren. Als der Apostel Paulus durch Kleinasien reiste, nahm er häufig an Sabbatversammlungen teil, sowohl im Freien als auch in geschlossenen Räumen (Apostelgeschichte 16,13).

Male die Synagoge aus!

Eine Synagoge aus dem 1. Jahrhundert

Wie sah das Innere einer Synagoge aus? Vor kurzem wurden die Ruinen von Synagogen aus dem 1. Jahrhundert von Archäologen im Land Israel freigelegt. Sie fanden heraus, dass die Gebäude bestimmte Merkmale gemeinsam hatten. Sie waren aus Stein und auf einem steinernen Fundament gebaut und hatten eine quadratische Form, manchmal mit einer einfachen Inschrift, die besagte, dass es sich um ein Haus des Gebets handelte. Im Inneren gab es nur sehr wenig Dekoration. Die Menschen saßen auf Stufen oder Bänken an den Wänden und blickten auf die Mitte des Raumes, wo von einem Lesepult und einem Stuhl aus Lesungen und Belehrungen stattfanden. Es gab eine Art „Schrein" oder Nische, in der wertvolle Thora-Schriftrollen aufbewahrt wurden. Die Räume waren groß und die Dächer wurden von Steinsäulen gestützt. An die Synagogengebäude waren oft Bäder (miqveh) für die rituelle Reinigung angebaut. Finde etwas über Synagogen aus dem 1. Jahrhundert heraus und zeichne das Innere einer Synagoge zur Zeit von Jeschua.

Liste von Tätigkeiten am Sabbat

Mein Sabbat-Tagebuch

Name: ....

Adresse: ....

Am Sabbat habe ich ... .

....

....

Male die Menora farbig aus!

Zeichne eine Sabbat Tätigkeit

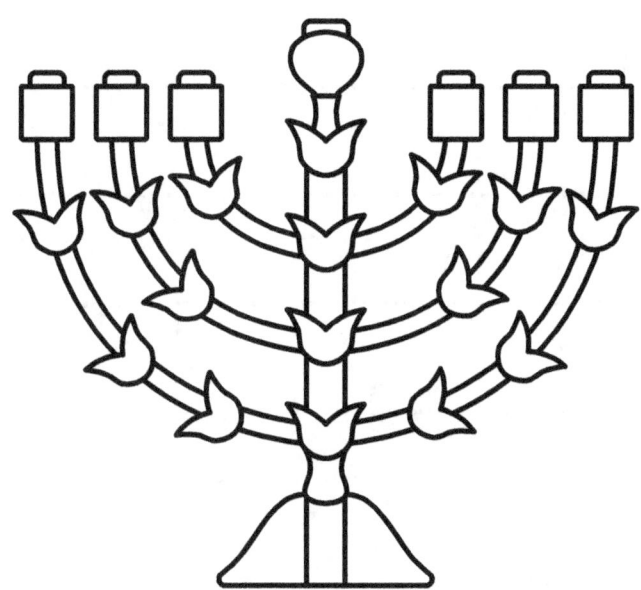

Was machst du am Sabbat?

Berichte in ein paar Zeilen von deinem Tag.

....

....

....

....

....

....

....

Abschreibübung für Kinder

Schlage die Bibel bei 2. Mose 20,8 auf.
Zeichne den Bibelvers auf folgenden Linien nach.

Gedenke an den Sabbattag und heilige ihn.

Probiere es selbst aus.

Der Sabbat

Entschlüssle die Wörter, um die Antwort zu finden. *Tipp: Lies Markus 2,27.*

„Dre Sbabta uewdr um dse

_____

hesMennc iewlln efcagnfhse,

_____

nthic rde hesMcn um dse

_____

atsSbab wlelni."

_____

Den Sabbat einhalten

Haben Jeschua, die Jünger und der Apostel Paulus den Sabbat gehalten?
Lies in den Büchern Matthäus, Lukas, Johannes und Apostelgeschichte 1, 13-18 nach.
Finde sechs Bibelstellen, in denen klar wird, dass sie den Sabbat einhielten.

Lasst uns diskutieren: Der Sabbat

Schlagt eure Bibeln auf und lest die Bibelverse unten. Diskutiert diese Fragen in kleinen Gruppen mit euren Freunden, in der Familie oder mit euren Klassenkameraden.

1 **Lest 1. Mose 2,1-3.**
Was ist der Sabbat? Warum hat Gott uns den Sabbat gegeben?

2 **Lest 2. Mose 20,8-11.**
Warum, glaubst du, hat Gott den Sabbat in seine zehn Gebote aufgenommen?

3 **Lest Markus 2,27.**
Was hat Jeschua gemeint, als er sagte: „Der Sabbat wurde um des Menschen willen geschaffen, nicht der Mensch um des Sabbats willen"?

4 **Lest Lukas 4,14-30.**
Was hat Jeschua gewöhnlich am Sabbat getan?

5 **Lest Apostelgeschichte 13,1-20,7.**
Hat Paulus den Sabbat gehalten? Woher wissen wir das?

6 Wie ehrt eure Familie den Sabbat?

Meine Bibelnotizen

Welche Segnungen sind verheißen, wenn wir den Sabbat einhalten?

Nutze diesen Platz, um aufzuschreiben, was Gott dir heute gezeigt hat:

_____
_____
_____
_____
_____

Kreatives Schreiben

Die 10 Gebote

1. Gebot

Öffne deine Bibel und lies 2. Mose 20,1-3.

Schreibe einen kurzen Absatz, um zu zeigen, wie du dieses Gebot ehrst. Male die Illustration am unteren Rand der Seite aus.

....

....

....

....

....

....

2. Gebott

Öffne deine Bibel und lies 2. Mose 20,4-6.

Schreibe einen kurzen Absatz, um zu zeigen, wie du dieses Gebot ehrst. Male die Illustration am unteren Rand der Seite aus.

....

....

....

....

....

....

3. Gebot

Öffne deine Bibel und lies 2. Mose 20,7.

Schreibe einen kurzen Absatz, um zu zeigen, wie du dieses Gebot ehrst. Male die Illustration am unteren Rand der Seite aus.

....

....

....

....

....

....

....

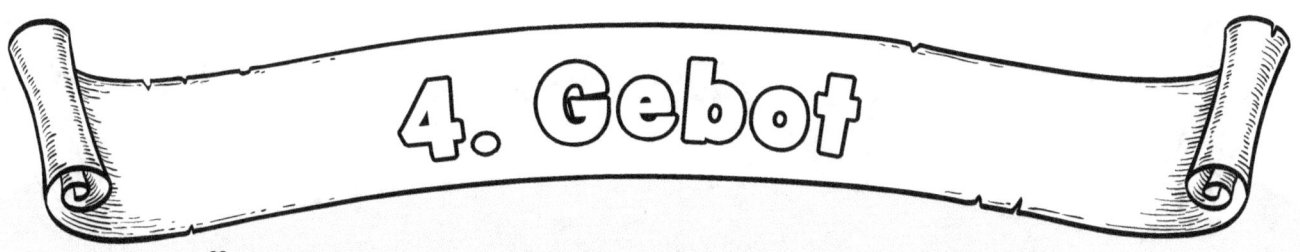

4. Gebot

Öffne deine Bibel und lies 2. Mose 20,8-11.

Schreibe einen kurzen Absatz, um zu zeigen, wie du dieses Gebot ehrst. Male die Illustration am unteren Rand der Seite aus.

....

....

....

....

....

....

5. Gebot

Öffne deine Bibel und lies 2. Mose 20,12.

Schreibe einen kurzen Absatz, um zu zeigen, wie du dieses Gebot ehrst. Male die Illustration am unteren Rand der Seite aus.

....

....

....

....

....

....

6. Gebot

Öffne deine Bibel und lies 2. Mose 20,13.

Schreibe einen kurzen Absatz, um zu zeigen, wie du dieses Gebot ehrst. Male die Illustration am unteren Rand der Seite aus.

....

....

....

....

....

....

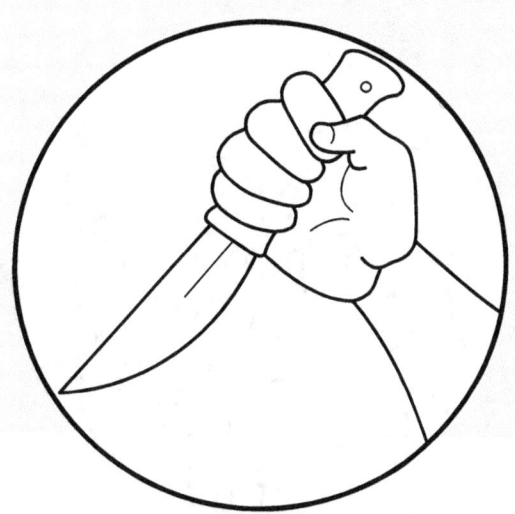

7. Gebot

Öffne deine Bibel und lies 2. Mose 20,14.

Schreibe einen kurzen Absatz, um zu zeigen, wie du dieses Gebot ehrst. Male die Illustration am unteren Rand der Seite aus.

....

....

....

....

....

....

....

8. Gebott

Öffne deine Bibel und lies 2. Mose 20,15.

Schreibe einen kurzen Absatz, um zu zeigen, wie du dieses Gebot ehrst. Male die Illustration am unteren Rand der Seite aus.

....

....

....

....

....

....

9. Gebot

Öffne deine Bibel und lies 2. Mose 20,16.

Schreibe einen kurzen Absatz, um zu zeigen, wie du dieses Gebot ehrst. Male die Illustration am unteren Rand der Seite aus.

....

....

....

....

....

....

....

10. Gebot

Öffne deine Bibel und lies 2. Mose 20,17.

Schreibe einen kurzen Absatz, um zu zeigen, wie du dieses Gebot ehrst. Male die Illustration am unteren Rand der Seite aus.

....

....

....

....

....

....

Die Zehn Gebote basteln

Anleitung:
Das Bastelspiel besteht aus zwei Teilen
1. Zehn Gebote
2. Zwei Tafeln

Du brauchst:
1. Graue Farbe oder Buntstifte
2. Filzstifte, Buntstifte oder Malstifte
3. Eine Schere (nur für Erwachsene)
4. Extrastarke Klebestifte oder Schulkleber

Anleitung:

1. Schneide die Kreise mit den zehn Geboten aus. Male die Kreise der zehn Gebote aus.
2. Schneide die beiden Seiten mit den Tafeln aus.
3. Schneide jedes Gebot um die gestrichelten Linien herum aus.
4. Klebe die Tafeln zusammen, indem du den Kleber entlang der „Hier kleben"-Lasche aufträgst und sie miteinander verklebst.
5. Klebe die Gebote in numerischer Reihenfolge auf die beiden Steintafeln - fünf auf jeder Seite.

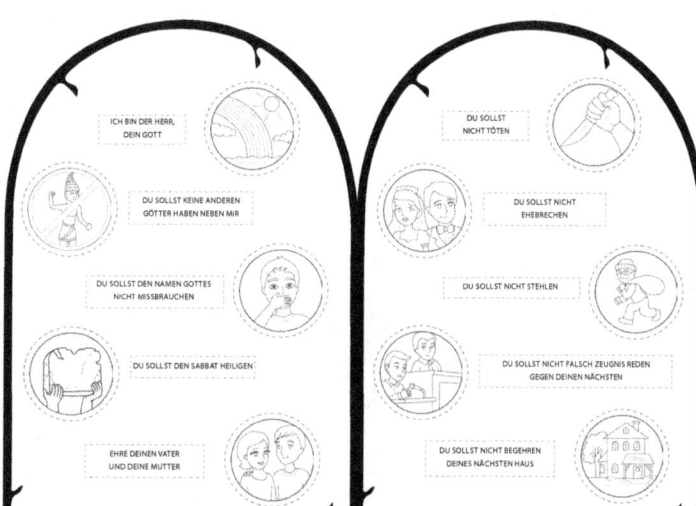

ta-da!

ICH BIN DER HERR,
DEIN GOTT

DU SOLLST KEINE ANDEREN
GÖTTER HABEN NEBEN MIR

DU SOLLST DEN NAMEN GOTTES
NICHT MISSBRAUCHEN

DU SOLLST DEN SABBAT
HEILIGEN

EHRE DEINEN VATER UND
DEINE MUTTER

DU SOLLST NICHT TÖTEN

DU SOLLST NICHT EHEBRECHEN

DU SOLLST NICHT STEHLEN

DU SOLLST NICHT FALSCH ZEUGNIS REDEN GEGEN DEINEN NÄCHSTEN

DU SOLLST NICHT BEGEHREN DEINES NÄCHSTEN HAUS

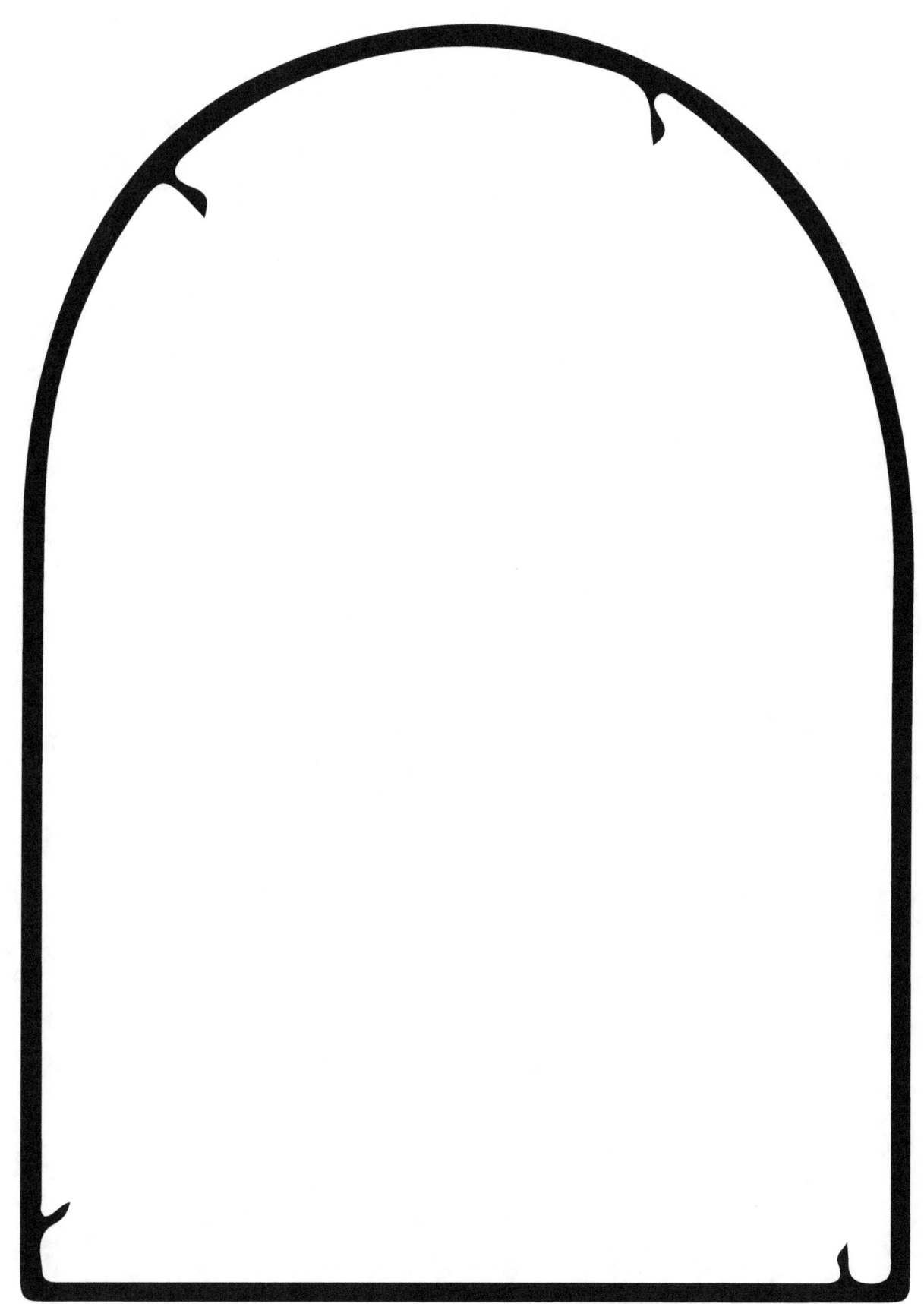

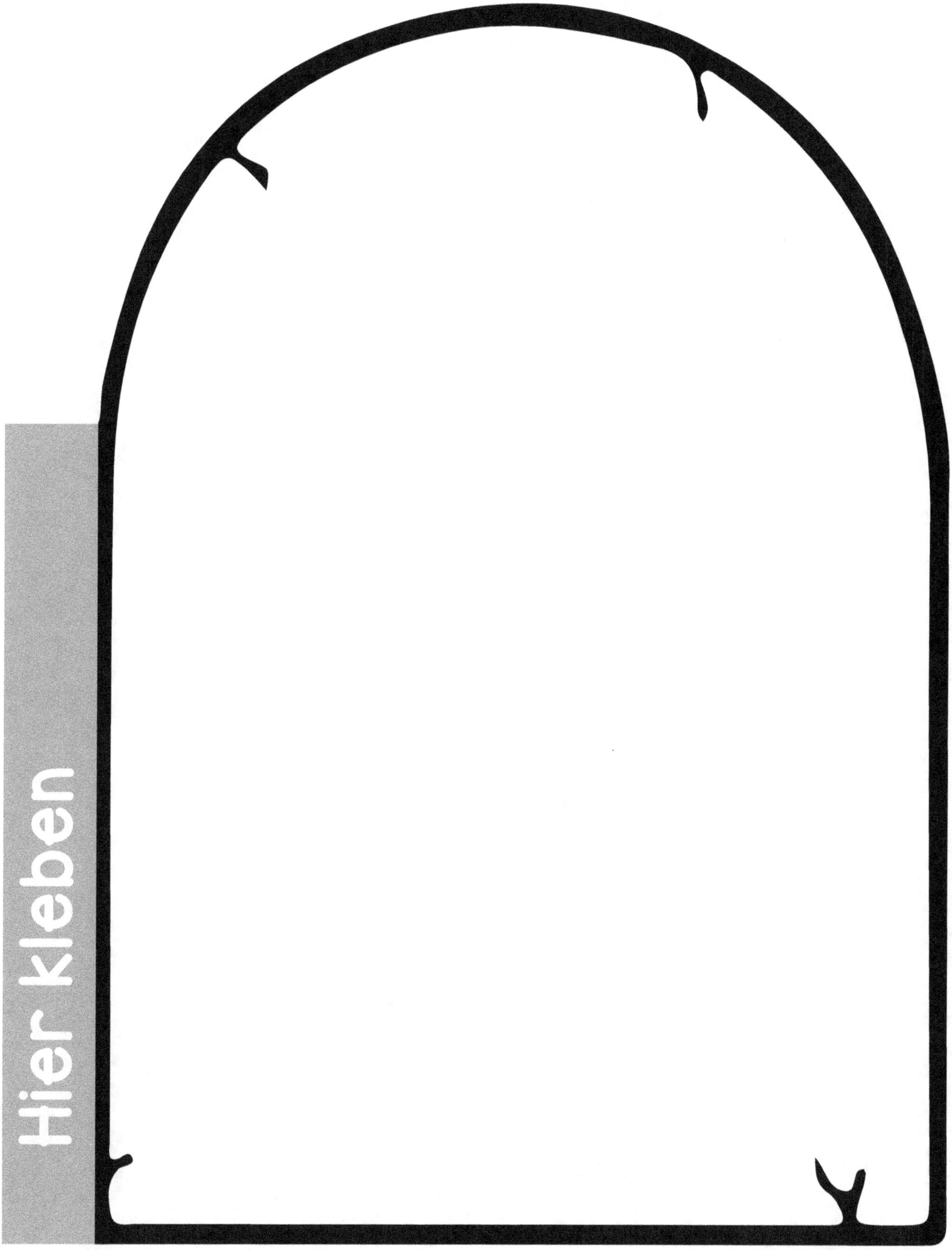

Hier kleben

Der Sabbat

Warum hat Gott den Israeliten Manna für zwei Tage gegeben?

Bibelvers zum Nachschlagen: 2. Mose 16,29

biblepathwayadventures.com

Card 1

Der Sabbat

„Gedenke an den Sabbattag und ____ ihn."

Bibelvers zum Nachschlagen: 2. Mose 20,8

biblepathwayadventures.com

Card 2

Der Sabbat

Was hat Gott den Israeliten gesagt, wie sie den Sabbat abhalten sollen?

Bibelvers zum Nachschlagen: 5. Mose 5,12-15

biblepathwayadventures.com

Card 3

Der Sabbat

Warum war der Vorsteher der Synagoge in Lukas 13 wütend auf Jeschua?

Bibelvers zum Nachschlagen: Lukas 13,1-15

biblepathwayadventures.com

Card 4

Wer hat es gesagt?

Lies 5. Mose 5, Jesaja 56, Markus 2 und Hebräer 4. Male jede Figur aus der Bibel aus und schneide sie aus. Ordne den Bibelvers der Person zu, die ihn gesagt hat.

1. „Also bleibt dem Volk Gottes noch eine Sabbatruhe vorbehalten..." - Hebräer 4,9

2. „Der Sabbat wurde um des Menschen willen geschaffen, nicht der Mensch um des Sabbats willen." - Markus 2,27

3. „Aber am siebten Tag ist der Sabbat des Herrn, deines Gottes." - 5. Mose 5,14

4. „Wohl dem Menschen, der dies tut, und dem Menschenkind, das daran festhält: der den Sabbat hält..." - Jesaja 56,2

Jesaja   Mose   Paulus   Jeschua

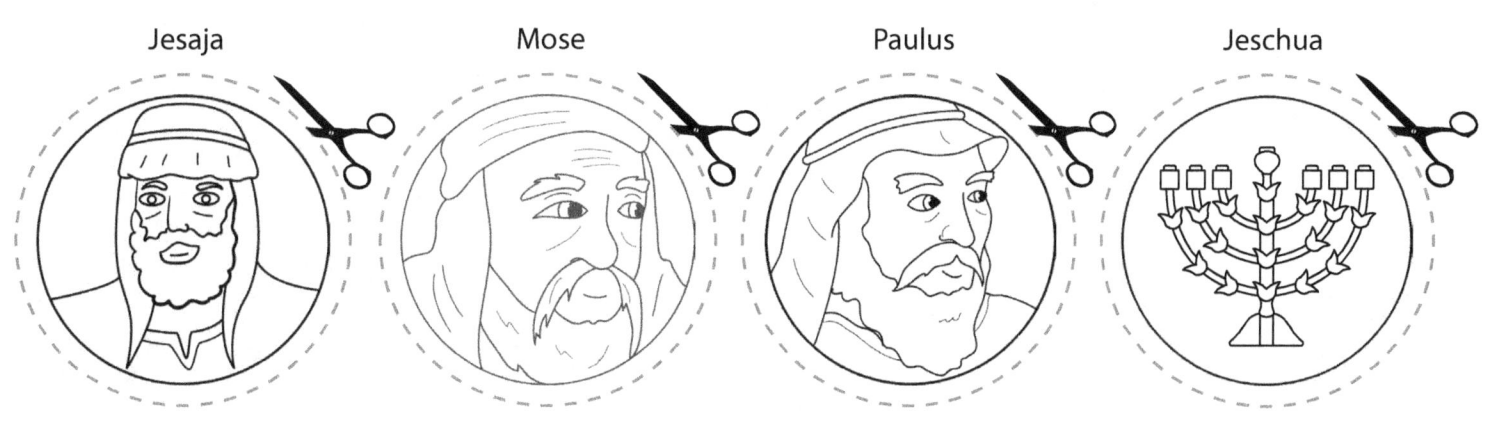

Lösungen

Bibel-Wortsuchrätsel: Der Sabbat

Finde das Wort!
Gedenke an den Sabbattag und heilige ihn! Sechs Tage sollst du arbeiten und alle deine Werke tun; aber am siebten Tag ist der Sabbat des Herrn, deines Gottes; da sollst du kein Werk tun; weder du, noch dein Sohn, noch deine Tochter, noch dein Knecht, noch deine Magd, noch dein Vieh, noch dein Fremdling, der innerhalb deiner Tore lebt. Denn in sechs Tagen hat der Herr Himmel und Erde gemacht und das Meer und alles, was darin ist, und er ruhte am siebten Tag; darum hat der Herr den Sabbattag gesegnet und geheiligt.

Arbeitsblatt: Sabbat in der Wüste
Antwortvorschläge:
1. Gott gab den Israeliten Wachteln und ließ Manna vom Himmel regnen, das sie jeden Tag außer am Sabbat sammeln konnten.
2. Gott befahl den Israeliten, am Sabbat zu ruhen und kein Manna zu sammeln.

Arbeitsblatt: Die zehn Gebote
1. Ich bin der Herr, dein Gott. Du sollst keine anderen Götter neben mir haben.
2. Du sollst dir kein Bildnis machen.
3. Du sollst den Namen des Herrn, deines Gottes, nicht missbrauchen!
4. Gedenke an den Sabbattag und heilige ihn.
5. Du sollst deinen Vater und deine Mutter ehren.
6. Du sollst nicht töten.
7. Du sollst nicht ehebrechen.
8. Du sollst nicht stehlen.
9. Du sollst kein falsches Zeugnis reden gegen deinen Nächsten.
10. Du sollst nicht begehren die Dinge deines Nächsten.

Sabbat-Zuordnungsrätsel
1. C
2. E
3. G
4. A
5. B
6. D
7. H
8. F
9. I
10. J

Bibel-Quiz: Der Sabbat
1. Am Sabbat
2. Fast die ganze Stadt
3. Am Fluss
4. Drei Sabbattage
5. Thessaloniki
6. Die Thora (Gesetz des Mose)
7. Er ging in die Synagoge und besprach die Heilige Schrift
8. Für die Menschen
9. Den Sabbat
10. Ruhen und keine Arbeit tun

Arbeitsblatt zum Ausmalen: Der Sabbat
1. Ruhen
2. Den Sabbat
3. Sechs Tage

Arbeitsblatt: Den Bibelvers entschlüsseln
Der Sabbat wurde um des Menschen willen geschaffen, nicht der Mensch um des Sabbats willen.

Arbeitsblatt: Wer hat es gesagt?
1 = Paulus, 2 = Jeschua, 3 = Mose, 4 = Jesaja

Arbeitsblatt: Den Sabbat halten
Matthäus 12,1-14
Lukas 13,10-17
Johannes 5,1-8, 7,21-24
Apostelgeschichte 1,12
Apostelgeschichte 13,14, 27, 42, und 44
Apostelgeschichte 16,13
Apostelgeschichte 17,2
Apostelgeschichte 18,4

Weitere Übungsbücher entdecken!

Zu erwerben unter www.biblepathwayadventures.com

SOFORT DOWNLOADS!

Wöchentliches Thora Übungsbuch
Rein und Unrein
Hebräisch lernen: Das Alphabet
Der Sabbat Übungsbuch

Bereschit / 1. Mose
Schemot / 2. Mose
Wajikra / 3. Mose
Bemidbar / 4. Mose

www.ingramcontent.com/pod-product-compliance
Lightning Source LLC
Chambersburg PA
CBHW081311070526
44578CB00006B/845